O Cristão em Oração

T. Tommasi e T. Gregolini
(Organizadoras)

O Cristão em Oração

Paulinas

Citações bíblicas: *Bíblia Sagrada*. Tradução da CNBB. 2. ed., 2002.

Direção-geral:	*Flávia Reginatto*
Editora responsável:	*Luzia M. de Oliveira Sena*
Assistente de edição:	*Andréia Schweitzer*
Revisão:	*Ruth Mitzuie Kluska*
Direção de arte:	*Irma Cipriani*
Gerente de produção:	*Felício Calegaro Neto*
Capa e editoração eletrônica:	*Manuel Rebelato Miramontes*
Ilustrações:	*Neri Pereira da Silva*

7ª edição – 2009
5ª reimpressão – 2024

Nenhuma parte desta obra poderá ser reproduzida ou transmitida por qualquer forma e/ou quaisquer meios (eletrônico ou mecânico, incluindo fotocópia e gravação) ou arquivada em qualquer sistema ou banco de dados sem permissão escrita da Editora. Direitos reservados.

Cadastre-se e receba nossas informações
paulinas.com.br
Telemarketing e SAC: 0800-7010081

Paulinas

Rua Dona Inácia Uchoa, 62
04110-020 – São Paulo – SP (Brasil)
(11) 2125-3500
editora@paulinas.com.br

© Pia Sociedade Filhas de São Paulo – São Paulo, 1992

Apresentação

O cristão vive o seu dia buscando integrar fé e vida. Tem a certeza de que Deus está caminhando com ele, ao seu lado. Mas, ao mesmo tempo, sente necessidade de alguns momentos de oração pessoal, familiar e comunitária. A tradição cristã nos transmitiu o valor de algumas fórmulas de oração que nos ajudam a viver unidos com Deus e a manter viva a nossa fé na luta do dia-a-dia. Muitas destas orações foram aprendidas na infância e constituem um ponto de referência de nossa fé e de nossa relação com Deus também na vida adulta.

Este livro oferece algumas destas fórmulas de oração, na esperança de ser uma ajuda na caminhada de fé de muitos cristãos.

Orações do cristão

Rezar é falar com Deus. Deus é uma necessidade na vida de cada pessoa, porque ninguém consegue viver sem acreditar em Deus. Ele é a vida. A ele confiamos nossa segurança, nossos projetos e tudo o que acontece no dia-a-dia. Por isso, rezar é manter sempre e em cada instante de nossa vida um encontro com Deus.

Há diferentes formas de rezar. Cada um pode criar a sua. O mais importante, porém, é a fé com que expressamos nosso sentimento, nosso amor e nossas intenções. Pode-se rezar mediante um simples diálogo com Deus, uma conversa de coração a coração, ou usando as orações formuladas e estabelecidas ao longo do tempo, caso se prefira.

Cabe a cada um escolher a melhor maneira de se encontrar com Deus e expressar sua fé entre os irmãos.

Apresentamos a seguir as orações que nasceram do Evangelho e da Igreja.

Invocação antes de cada oração

Pelo sinal da Santa Cruz,
livrai-nos Deus, nosso Senhor,
dos nossos inimigos.

Em nome do Pai e do Filho
e do Espírito Santo. Amém.

Creio em Deus Pai

todo-poderoso, criador do céu e da terra.
E em Jesus Cristo, seu único Filho, nosso Senhor,
que foi concebido pelo poder do Espírito Santo;
nasceu da Virgem Maria;
padeceu sob Pôncio Pilatos,
foi crucificado, morto e sepultado;
desceu à mansão dos mortos;
ressuscitou ao terceiro dia;
subiu aos céus,
está sentado à direita de
Deus Pai todo-poderoso,
donde há de vir a julgar os vivos
e os mortos.
Creio no Espírito Santo,
na santa Igreja Católica,
na comunhão dos santos,
na remissão dos pecados,
na ressurreição da carne,
na vida eterna. Amém.

Pai nosso

que estais nos céus,
santificado seja o vosso nome,
venha a nós o vosso Reino,
seja feita a vossa vontade,
assim na terra como no céu;
o pão nosso de cada dia nos dai hoje,
perdoai-nos as nossas ofensas,
assim como nós perdoamos
a quem nos tem ofendido
e não nos deixeis cair em tentação,
mas livrai-nos do mal. Amém.

Ave, Maria,

cheia de graça, o Senhor é convosco;
bendita sois vós entre as mulheres
e bendito é o fruto do vosso ventre, Jesus.

Santa Maria, Mãe de Deus,
rogai por nós, pecadores,
agora e na hora de nossa morte.
Amém.

Glória

ao Pai e ao Filho e ao Espírito Santo.
Como era no princípio, agora e sempre.
Amém.

Salve, Rainha,

Mãe de misericórdia,
vida, doçura, esperança nossa, salve!
A vós bradamos,
os degredados filhos de Eva,

a vós suspiramos, gemendo e chorando
neste vale de lágrimas.
Eia, pois, advogada nossa,
esses vossos olhos misericordiosos
a nós volvei,
e depois deste desterro
mostrai-nos Jesus,
bendito fruto de vosso ventre,
ó clemente, ó piedosa, ó doce sempre
Virgem Maria!
– *Rogai por nós, Santa Mãe de Deus!*
– Para que sejamos dignos
das promessas de Cristo!

Ó meu Jesus!

Perdoai-nos e livrai-nos
do fogo do inferno.
Levai as almas todas para o céu
e socorrei principalmente
as que mais precisarem
da vossa misericórdia.

Ato de fé

Eu creio firmemente que há um só Deus
em três pessoas realmente distintas,
Pai, Filho e Espírito Santo.
Creio que o Filho de Deus se fez homem,
padeceu e morreu na cruz para nos salvar,
e ao terceiro dia ressuscitou.

Creio em tudo que crê e ensina
a Igreja Católica, Apostólica, Romana,
porque Deus, verdade infalível, lho revelou.
Nesta crença quero viver e morrer.

Ato de esperança

Eu espero, meu Deus,
com firme confiança,
que, pelos merecimentos
de nosso Senhor, Jesus Cristo,
me dareis a salvação eterna
e as graças necessárias para consegui-la,
porque vós, sumamente bom e poderoso,

o havia prometido a quem
observar os mandamentos
e o Evangelho de Jesus,
como eu proponho fazer
com o vosso auxílio.

Ato de caridade

Eu vos amo, ó meu Deus,
de todo o meu coração e sobre todas as coisas,
porque sois infinitamente amável e bom,
e antes quero perder tudo do que vos ofender.

Por amor de vós,
amo ao meu próximo como a mim mesmo
e perdôo as ofensas recebidas.
Senhor, fazei que eu vos ame sempre mais!

Ato de contrição

Meu Deus, eu me arrependo sinceramente
de todo mal que pratiquei
e do bem que deixei de fazer.
Pecando, eu vos ofendi,
meu Deus e sumo bem,
digno de ser amado sobre todas as coisas.
Prometo firmemente,
ajudado com a vossa graça,
fazer penitência
e fugir às ocasiões de pecar.
Amém.

Os mandamentos e os sacramentos

Para que os seres humanos pudessem viver melhor entre si, Deus estabeleceu os mandamentos e os sacramentos.

Os *mandamentos* são a Lei de Deus e da Igreja para as pessoas e para a comunidade. Eles existem para nos proteger, ajudar e facilitar a nossa vida de irmãos.

Os *sacramentos* são sinais que comunicam Deus. Eles transmitem a graça e o amor de Deus e de Jesus. Quando recebidos com fé, os sacramentos são capazes de produzir mudanças profundas em nossa vida.

Os mandamentos e os sacramentos são orientações vivas, sadias e cristãs que indicam como deve ser o nosso relacionamento com os irmãos, a comunidade e Deus.

Os mandamentos da Lei de Deus

1º – Amar a Deus sobre todas as coisas.
2º – Não dizer seu Santo Nome em vão.
3º – Guardar domingos e dias de festa.
4º – Honrar pai e mãe.
5º – Não matar.
6º – Não pecar contra a castidade.
7º – Não furtar.
8º – Não levantar falso testemunho.
9º – Não desejar a mulher do próximo.
10º – Não cobiçar as coisas alheias.

Os mandamentos da Igreja

1 – Participar da missa nos domingos e nas festas de guarda.
2 – Confessar-se ao menos uma vez por ano.

3 – Receber o sacramento da Eucaristia
pelo menos na Páscoa.

4 – Abster-se de comer carne
e observar os jejuns nos dias
estabelecidos pela Igreja.

5 – Ajudar a Igreja em suas necessidades
materiais, segundo as próprias possibilidades.

Os sacramentos instituídos por Jesus

1 – Batismo
2 – Confirmação ou Crisma
3 – Eucaristia
4 – Reconciliação
5 – Unção dos enfermos
6 – Ordem
7 – Matrimônio

Conversar com Deus: a oração

A oração pessoal e íntima nos aproxima de Deus. Quando conversamos com Deus temos certeza de que sempre podemos contar com ele. É importante esse diálogo no início e no fim de cada dia. Pedir e agradecer são dois gestos que se completam. Há uma ligação de fé entre os dois atos e significam a graça e a força que queremos para melhor viver.

Oração da manhã

Senhor,
no silêncio deste dia que amanhece,
venho pedir-te a paz, a sabedoria, a força.
Quero olhar, hoje, o mundo
com os olhos cheios de amor;
ser paciente, compreensivo, manso e prudente.
Quero ver os meus irmãos além das aparências,
quero vê-los como tu mesmo os vês,
e assim não ver senão o bem em cada um deles.
Fecha meus ouvidos a toda calúnia.
Guarda minha língua de toda maldade.
Que só de bênçãos se encha o meu espírito.
Que eu seja tão bondoso e alegre,
que todos os que se achegarem a mim
sintam a tua presença.
Reveste-me de tua beleza, Senhor.
E que, durante este dia, eu te revele a todos.

Oração da noite

Boa-noite, Pai!
Termina o dia e a ti entrego o meu cansaço.
Obrigado por tudo e... perdão.
Obrigado pela esperança
que hoje animou meus passos,
pela alegria que vi estampada
no rosto de cada criança.
Obrigado pelo exemplo que recebi
das pessoas que encontrei.
Obrigado, porque nos momentos de desânimo
lembrei-me de que tu és Pai.
Obrigado pela luz, pela noite,
pela brisa e pela comida,
pelo meu desejo de ser melhor.
Obrigado, Pai, porque me deste uma mãe!
Perdão, Senhor!
Perdão pelo meu rosto
que se revelou carrancudo.

Perdão porque não me lembrei
de que sou irmão de muitos.
Perdão, Pai, pela falta de colaboração e serviço,
porque não evitei aquela lágrima,
aquele desgosto.
Perdão por ter guardado para mim
tua mensagem de amor.
Perdão por não ter sabido, hoje,
entregar-me e dizer "sim", com Maria.
Perdão por aqueles que deviam
pedir-te perdão e não se decidem.
Perdão, Pai, e abençoa os meus propósitos
para o dia de amanhã;
que ao despertar me invada novo entusiasmo;
que o dia de amanhã seja um
ininterrupto "sim" vivido conscientemente.
Boa-noite, Pai. Até amanhã.

Oração a Jesus Mestre

Jesus Mestre, santificai minha mente
e aumentai minha fé.
Jesus Mestre, presença viva na Igreja,
atraí-nos todos à vossa escola.
Jesus Mestre, libertai-me do erro,
dos pensamentos inúteis e das trevas.
Jesus Mestre, caminho entre Pai e nós,
tudo vos ofereço e de vós tudo espero.
Jesus, Caminho da santidade,
tornai-me vosso fiel seguidor.
Jesus Caminho, tornai-me perfeito
como o Pai que está nos céus.
Jesus Vida, vivei em mim,
para que eu viva em vós.
Jesus Vida, não permitais
que eu me separe de vós.
Jesus Vida, fazei-me viver eternamente
na alegria de vosso amor.
Jesus Verdade, que eu seja luz para o mundo.

Jesus Caminho, que eu seja vossa testemunha autêntica, diante dos homens.
Jesus Vida, fazei que minha presença contagie a todos, com vosso amor e vossa alegria.

Oração ao Espírito Santo

Vinde, Espírito Santo,
enchei os corações de vossos fiéis
e acendei neles o fogo de vosso amor.
Enviai o vosso Espírito
e tudo será criado e renovareis a face da terra.
Deus, que instruístes o coração
de vossos fiéis com a luz do Espírito Santo,
fazei que apreciemos retamente
todas as coisas, segundo o mesmo espírito
e gozemos sempre de sua consolação.
Por nosso Senhor, Jesus Cristo.
Amém.

Oração ao Divino Espírito Santo

Espírito Santo,
que reinais nos céus,
sois a nossa força!
Espírito de verdade,
presente em toda parte,
plenificador do universo,
tesouro de todos os bens
e fonte de vida,
vinde habitar em nosso coração!
Libertai-nos de toda a culpa,
e conduzi-nos, por vossa bondade,
à salvação.

Na força de vosso amor,
uni todos os que crêem em Cristo!
Santificai-os com o fogo de vosso amor.
Deus santo, Deus forte, Deus imortal,
tende piedade de nós!

Curai nossas feridas,
por amor de vosso nome
e recebei-nos, enfim,
no vosso Reino. Amém.

Os salmos e a proteção de Deus

Recitar salmos é outra forma de rezar. Os salmos nasceram a partir de súplicas, agradecimentos e intercessões feitas a Deus. Nasceram da necessidade de as pessoas se relacionarem com Deus e, assim, é uma das grandes formas de nos relacionarmos com ele.

O salmo 91(90) é um convite para que coloquemos em Deus a nossa confiança, tendo a certeza de que nos protege de todos os perigos que a vida nos apresenta.

Salmo 91(90)

Tu que estás sob a proteção do Altíssimo
e moras à sombra do Onipotente,
dize ao Senhor: "Meu refúgio, minha fortaleza,
meu Deus, em quem confio".

Ele te livrará do laço do caçador,
da peste funesta;
ele te cobrirá com suas penas,
sob suas asas encontrarás refúgio.
Sua fidelidade te servirá de escudo e couraça.
Não temerás os terrores da noite
nem a flecha que voa de dia,
nem a peste que vagueia nas trevas,
nem a epidemia que devasta ao meio-dia.
Cairão mil ao teu lado
e dez mil à tua direita;
mas nada te poderá atingir.
Basta que olhes com teus olhos
e verás o castigo dos ímpios.

Pois teu refúgio é o S‍enhor;
fizeste do Altíssimo tua morada.
Não poderá te fazer mal a desgraça,
nenhuma praga cairá sobre tua tenda.
Pois ele dará ordem a seus anjos
para te guardarem em todos os teus passos.
Em suas mãos te levarão
para que teu pé não tropece
em nenhuma pedra.
Caminharás sobre a cobra e a víbora,
pisarás sobre leões e dragões.
"Eu o salvarei; porque a mim se confiou;
eu o exaltarei, pois conhece meu nome.
Ele me invocará, e lhe darei resposta;
perto dele estarei na desgraça,
vou salvá-lo e torná-lo glorioso.
Vou saciá-lo com longos dias
e lhe mostrarei minha salvação."

Via-sacra

A via-sacra é o caminho percorrido por Cristo, carregando sua cruz às costas. É uma escola viva de amor, compreensão e bondade.

Celebrar a via-sacra é um dos melhores meios para meditar a Paixão de Jesus.

Há muitos modos de celebrá-la, mas um dos melhores é seguir as narrativas da Bíblia, deixando um espaço para aplicarmos à realidade que vivemos hoje.

1ª estação

Jesus é condenado à morte

Dirigente: Nós vos adoramos,
Senhor Jesus Cristo, e vos bendizemos.

Todos: Porque pela vossa santa cruz remistes o mundo.

Leitura: João 19,12-16

"Pilatos procurava soltar Jesus. Mas os judeus continuavam gritando: 'Se soltas este homem, não és amigo de César. Todo aquele que se faz rei, declara-se contra César'. Ouvindo estas palavras, Pilatos trouxe Jesus para fora e sentou-se no tribunal, no lugar conhecido como Pavimento. Era o dia da preparação da páscoa, por volta do meio-dia. Pilatos disse aos judeus: 'Eis o vosso rei'. Eles, porém, gritavam: 'Fora! Fora! Crucifica-o!'. Pilatos disse: 'Vou crucificar o vosso rei?'. Os sumos sacerdotes responderam:

'Não temos rei senão César'. Pilatos, então, lhes entregou Jesus para ser crucificado."

Todos: "É por isso que o Pai me ama: porque dou a minha vida. E assim, eu a recebo de novo. Ninguém me tira a vida, mas eu a dou por própria vontade. Eu tenho poder de dá-la, como tenho poder de recebê-la de novo" (Jo 10,17-18).

Dirigente: Deus onipotente e eterno, concedei-nos a graça de reviver de tal modo os mistérios da Paixão do Senhor, que mereçamos perdão e misericórdia. Pelo mesmo Cristo, nosso Senhor. Amém.

Pai-Nosso e Ave-Maria.

2ª estação

Jesus recebe a cruz

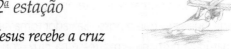

Dirigente: Nós vos adoramos,
Senhor Jesus Cristo, e vos bendizemos.

Todos: Porque pela vossa santa cruz remistes o mundo.

Leitura: João 19,16-17

"Os judeus tomaram conta de Jesus. Carregando a sua cruz, ele saiu para o lugar chamado Calvário."

Todos: "Jesus disse aos discípulos: 'Se alguém quer vir após mim, renuncie a si mesmo, tome sua cruz e siga-me. Pois quem quiser salvar sua vida a perderá; e quem perder sua vida por causa de mim a encontrará. De fato, que adianta a alguém ganhar o mundo inteiro, se perde a própria vida? Ou que poderá alguém dar em troca da própria vida?'" (Mt 16,24-26).

Dirigente: Deus onipotente e eterno que, para dar ao gênero humano um exemplo de humildade, quisestes que o nosso Salvador tomasse a natureza humana e morresse na cruz, concedei-nos, benignamente, que acolhamos o ensinamento de sua paixão, para tomar parte na sua ressurreição. Pelo mesmo Jesus Cristo, nosso Senhor. Amém.

Pai-Nosso e Ave-Maria.

3ª estação

Jesus cai pela primeira vez

Dirigente: Nós vos adoramos,
Senhor Jesus Cristo, e vos bendizemos.

Todos: Porque pela vossa santa cruz
remistes o mundo.

Leitura: Isaías 50,5-7

"O Senhor Deus abriu-me os ouvidos, e eu não ficquei revoltado, para trás não andei. Apresentei as costas aos que me queriam bater, ofereci o queixo aos que me queriam arrancar a barba e nem desviei o rosto dos insultos e dos escarros. O Senhor Deus é o meu aliado, por isso jamais ficarei derrotado."

Todos: "Quem quiser ser o maior entre vós seja aquele que vos serve, e quem quiser ser o primeiro entre vós seja o escravo de todos. Pois o Filho do Homem não veio para ser servido, mas para servir e dar a vida em resgate por muitos" (Mc 10, 43-45).

Dirigente: Concedei-nos, nós vos pedimos, Deus onipotente, que caindo por nossa fraqueza, no meio de tantas dificuldades, encontremos apoio na intercessão de vosso Filho sofredor, ele que convosco vive e reina pelos séculos. Amém.

Pai-Nosso e Ave-Maria.

4ª estação

Jesus encontra-se com sua mãe Santíssima

Dirigente: Nós vos adoramos,
Senhor Jesus Cristo, e vos bendizemos.

Todos: Porque pela vossa santa cruz remistes o mundo.

Leitura: Lucas 2,34-35

"Simeão disse a Maria, a mãe: 'Este menino será causa de queda e de reerguimento para muitos em Israel. Ele será um sinal de contradição – uma espada traspassará a tua alma! – e assim serão revelados os pensamentos de muitos corações."

Todos: "Todo aquele que faz a vontade do meu Pai, que está nos céus, esse é meu irmão, minha irmã e minha mãe" (Mt 12,50).

Dirigente: Ó Deus, em cuja paixão, como Simeão tinha profetizado, uma espada de dor atravessou o coração da Virgem Maria, concedei-nos por vossa bondade que a meditação dos vossos sofrimentos nos permita obter o fruto benéfico de vosso sofrimento. Vós que viveis e reinais por todos os séculos. Amém.

Pai-Nosso e Ave-Maria.

5ª estação

*Jesus é ajudado
por Simão, o cireneu*

Dirigente: Nós vos adoramos,
Senhor Jesus Cristo, e vos bendizemos.

Todos: Porque pela vossa santa cruz remistes o mundo.

Leitura: Lucas 23,26

"Enquanto levavam Jesus, pegaram um certo Simão, de Cirene, que voltava do campo, e mandaram-no carregar a cruz atrás de Jesus."

Todos: "O discípulo não está acima do mestre, nem o servo acima do seu senhor. Para o discípulo, basta ser como o seu mestre, e para o servo, ser como o seu senhor. Se ao dono da casa chamaram de Beelzebu, quanto mais ao pessoal da casa!" (Mt 10,24-25).

Dirigente: Ó Deus, que com o sangue precioso de vosso Filho quisestes santificar a bandeira da cruz vivificadora, concedei-nos, vos suplicamos, que todos quantos nos alegramos com a honra prestada à mesma santa cruz possamos gozar sempre da vossa proteção. Pelo mesmo Jesus Cristo, nosso Senhor. Amém.

Pai-Nosso e Ave-Maria.

6ª estação

Verônica enxuga o rosto de Jesus

Dirigente: Nós vos adoramos, Senhor Jesus Cristo, e vos bendizemos.

Todos: Porque pela vossa santa cruz remistes o mundo.

Leitura: Isaías 53,3

"Era o mais desprezado e abandonado de todos, homem do sofrimento, experimentado na dor, indivíduo de quem a gente desvia o olhar, repelente, dele nem tomamos conhecimento."

Todos: "Quem crê em mim, não é em mim que crê, mas naquele que me enviou. Quem me vê, vê aquele que me enviou. Eu vim ao mundo como luz, para que todo aquele que crê em mim não permaneça nas trevas" (Jo 12,44-46).

Dirigente: Ó Deus que conheceis todos os corações e a quem todas as vontades estão claras, a quem nenhum segredo está escondido, purificai os nossos pensamentos com a efusão do Espírito Santo, para que mereçamos amar-vos e louvar-vos dignamente. Por nosso Senhor, Jesus Cristo. Amém.

Pai-Nosso e Ave-Maria.

7ª *estação*

Jesus cai pela segunda vez

Dirigente: Nós vos adoramos,
Senhor Jesus Cristo, e vos bendizemos.

Topos: Porque pela vossa santa cruz remistes o mundo.

Leitura: Isaías 53,4-5

"Eram na verdade os nossos sofrimentos que ele carregava, eram as nossas dores que levava às costas. E a gente achava que ele era um castigado, alguém por Deus ferido e massacrado. Mas estava sendo traspassado por causa de nossas rebeldias, estava sendo esmagado por nossos pecados. O castigo que teríamos que pagar caiu sobre ele, com os seus ferimentos veio a cura para nós."

Topos: "Felizes os que choram, porque serão consolados. Felizes os mansos, porque receberão a terra em herança. Felizes os que têm fome e sede da justiça, porque serão saciados. Felizes os misericordiosos, porque alcançarão misericórdia. Felizes os puros de coração, porque verão a Deus. Felizes os que promovem a paz, porque serão chamados filhos de Deus.

Felizes os que são perseguidos por causa da justiça, porque deles é o Reino dos Céus" (Mt 5,4-10).

DIRIGENTE: Dignai-vos, Deus onipotente, conceder-nos que, afligidos sem cessar pelas nossas culpas, sejamos libertados pelos méritos da paixão de vosso unigênito Filho, que vive e reina convosco por todos os séculos. Amém.

Pai-Nosso e Ave-Maria.

8ª estação

Jesus encontra as santas mulheres

DIRIGENTE: Nós vos adoramos,
Senhor Jesus Cristo, e vos bendizemos.

TODOS: Porque pela vossa santa cruz remistes o mundo.

LEITURA: Lucas 23,27-28

"Seguia-o uma grande multidão do povo, bem como de mulheres que batiam no peito e choravam por ele. Jesus, porém, voltou-se para elas e disse: 'Mulheres de Jerusalém, não choreis por mim! Chorai por vós mesmas e por vossos filhos!'"

Todos: "Nem todo aquele que me diz: 'Senhor! Senhor!', entrará no Reino dos Céus, mas só aquele que põe em prática a vontade de meu Pai que está nos céus" (Mt 7,21).

Dirigente: Ó Senhor Jesus Cristo, que descestes à terra e derramastes o vosso sangue precioso em remissão dos nossos pecados, nós vos pedimos, humildemente, que no dia do juízo mereçamos ouvir, à vossa direita, aquelas palavras: "Vinde benditos de meu Pai". Vós que viveis e reinais por todos os séculos. Amém.

Pai-Nosso e Ave-Maria.

9ª estação

Jesus caiu pela terceira vez

Dirigente: Nós vos adoramos, Senhor Jesus Cristo, e vos bendizemos.

Todos: Porque pela vossa santa cruz remistes o mundo.

Leitura: Isaías 53,8-9

"Sem ordem de prisão e sem sentença, foi detido, e quem se preocupou com a vida dele? Foi arrancado da terra dos vivos; ferido de morte pelas rebeldias do meu povo. Sua sepultura foi colocada junto à dos criminosos, seu túmulo ao lado da tumba dos ricos. Mas ele jamais cometeu injustiça, mentira jamais esteve em sua boca."

Todos: "Vinde a mim, todos vós que estais cansados e carregados de fardos, e eu vos darei descanso. Tomai sobre vós o meu jugo e sede discípulos meus, porque sou manso e humilde de coração, e encontrareis descanso para vós. Pois o meu jugo é suave e o meu fardo é leve" (Mt 11,28-30).

Dirigente: Deus onipotente e eterno, única esperança do mundo, que pela voz dos profetas anunciastes os mistérios dos tempos presentes, dignai-vos aumentar o fervor das orações de vosso povo, porque nenhum de vossos fiéis pode progredir nas virtudes se vós mesmos não os inspirais com a vossa graça. Por Jesus Cristo, nosso Senhor. Amém.

Pai-Nosso e Ave-Maria.

10ª estação

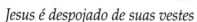

Jesus é despojado de suas vestes

Dirigente: Nós vos adoramos,
Senhor Jesus Cristo, e vos bendizemos.

Todos: Porque pela vossa santa cruz remistes o mundo.

Leitura: Marcos 15,24

"Os soldados o crucificaram e repartiram as suas vestes, tirando sorte sobre elas, para ver que parte caberia a cada um."

Todos: "Fogo eu vim lançar sobre a terra, e como gostaria que já estivesse aceso!" (Lc 12,49).

Dirigente: Purificai, Senhor, com o fogo do Espírito Santo o nosso corpo e o nosso coração, para que vos sirvamos com um corpo casto e vos agrademos com um coração puro. Por Jesus Cristo, nosso Senhor. Amém.

Pai-Nosso e Ave-Maria.

11ª estação

Jesus é pregado na cruz

Dirigente: Nós vos adoramos,
Senhor Jesus Cristo, e vos bendizemos.

Todos: Porque pela vossa santa cruz remistes o mundo.

Leitura: Lucas 23,33-34

"Quando chegaram ao lugar chamado Calvário, ali crucificaram Jesus e os malfeitores: um à sua direita e outro à sua esquerda. Jesus dizia: 'Pai, perdoa-lhes! Eles não sabem o que fazem!'."

Todos: "Quando tiverdes elevado o Filho do Homem, então sabereis que 'eu sou', e que nada faço por mim mesmo, mas falo apenas aquilo que o Pai me ensinou. Aquele que me enviou está comigo. Ele não me deixou sozinho, porque eu sempre faço o que é do seu agrado" (Jo 8,28-29).

Dirigente: Olhai, benignamente, ó Deus, para esta nossa família, pois, por seu amor, o Jesus não hesitou em entregar-se nas mãos dos pecadores e em sofrer o tormento da cruz. Pelo mesmo Jesus Cristo, nosso Senhor. Amém.

Pai-Nosso e Ave-Maria.

12ª estação

Jesus morre na cruz

Dirigente: Nós vos adoramos, Senhor Jesus Cristo, e vos bendizemos.

Todos: Porque pela vossa santa cruz remistes o mundo.

Leitura: João 19,28-30

"Depois disso, sabendo Jesus que tudo estava consumado, e para que se cumprisse a Escritura até o fim, disse: 'Tenho sede!' Havia ali uma jarra cheia de vinagre. Amarraram num ramo de hissopo uma esponja embebida de vinagre e a levaram à sua boca. Ele tomou o vinagre e disse: 'Está consumado'. E, inclinando a cabeça, entregou o espírito."

Todos: "Ninguém tem amor maior do que aquele que dá a vida por seus amigos" (Jo 15,13).

Dirigente: Ó Deus, que no coração de vosso Filho, ferido pelos nossos pecados, vos dignais conceder-nos misericordiosamente os tesouros do vosso amor, concedei, nós vos suplicamos, que apresentando-lhe o serviço de nossa piedade, lhe ofereçamos também atos de uma digna reparação. Por Jesus Cristo, nosso Senhor. Amém.

Pai-Nosso e Ave-Maria.

13ª estação

Jesus é descido da cruz

Dirigente: Nós vos adoramos,
Senhor Jesus Cristo, e vos bendizemos.

Todos: Porque pela vossa santa cruz
remistes o mundo.

Leitura: João 19,38

"Depois disso, José de Arimatéia pediu a Pilatos para retirar o corpo de Jesus; ele era discípulo de Jesus às escondidas, por medo dos judeus. Pilatos o permitiu. José veio e retirou o corpo."

Todos: "Eu rogo por eles. Não te rogo pelo mundo, mas por aqueles que me deste, porque são teus. Eu já não estou no mundo; mas eles estão no mundo, enquanto eu vou para junto de ti" (Jo 17,9.11).

Dirigente: Apresentando à vossa majestade o Cordeiro imaculado, nós vos suplicamos, ó Senhor, que acendais no nosso coração aquele fogo divino que inflamou o coração da bem-aventurada Virgem Maria. Por Jesus Cristo, nosso Senhor. Amém.

Pai-Nosso e Ave-Maria.

14ª estação

Jesus é sepultado

Dirigente: Nós vos adoramos,
Senhor Jesus Cristo, e vos bendizemos.

Todos: Porque pela vossa santa cruz
remistes o mundo.

Leitura: João 19,40-42

"José da Arimatéia e Nicodemos pegaram o corpo de Jesus e o envolveram, com os perfumes, em faixas de linho, do modo como os judeus costumam sepultar. No lugar onde Jesus foi crucificado havia um jardim e, no jardim, um túmulo novo, onde ninguém tinha sido ainda sepultado. Por ser dia de preparação para os judeus, e como o túmulo estava perto, foi lá que eles colocaram Jesus."

Todos: "Em verdade, em verdade, vos digo: se o grão de trigo que cai na terra não morre, fica só. Mas, se morre, produz muito fruto" (Jo 12,24).

Dirigente: Senhor Jesus Cristo, Filho de Deus vivo, que, à hora sexta, subistes à cruz pela salvação do mundo e derramastes o vosso sangue precioso para remissão dos nossos pecados, nós vos suplicamos humildemente que, depois da nossa morte, nos deis a graça de entrar alegres no paraíso. Vós que viveis e reinais, pelos séculos. Amém.

Pai-Nosso e Ave-Maria.

15ª estação

A ressurreição de Jesus

Dirigente: Nós vos adoramos,
Senhor Jesus Cristo, e vos bendizemos.

Todos: Porque pela vossa santa cruz remistes o mundo.

Leitura: Mateus 28,1-2.5-6

"Depois do sábado, ao raiar o primeiro dia da semana, Maria Madalena e a outra Maria foram ver o sepulcro. De repente, houve um grande terremoto: o anjo do Senhor desceu do céu e, aproximando-se, removeu a pedra e sentou-se nela. Então o anjo falou às mulheres: 'Vós não precisais ter medo! Sei que procurais Jesus, que foi crucificado. Ele não está aqui! Ressuscitou, como havia dito!'"

Todos: "Assim está escrito: O Cristo sofrerá e ressuscitará dos mortos ao terceiro dia, e no seu nome será anunciada a conversão, para o perdão dos pecados, a todas as nações, começando por Jerusalém. Vós sois as testemunhas destas coisas" (Lc 24,46-48)

Dirigente: É nosso dever dar-vos graças, ó Pai, porque Jesus Cristo, o verdadeiro cordeiro pascal, morrendo destruiu a morte e ressurgindo deu-nos a vida. Por isso queremos viver a vida nova com Cristo ressuscitado. Somos vosso povo, Senhor, venha a nós o vosso Reino. Amém.

Pai-Nosso e Ave-Maria.

O santo rosário

A recitação do rosário nos faz lembrar os mistérios da vida de Jesus e de Maria, sua mãe. Recordamos o nascimento, a morte e a ressurreição de Jesus, nosso Senhor. Recordamos também a presença sempre constante e viva de Maria na vida de Jesus. Ela representa a mãe que nunca abandonou o Filho, nem na alegria nem no sofrimento.

Meditando os mistérios nos aproximamos cada vez mais de Jesus-Filho, de Deus-Pai e de Maria-Mãe, assim como dos irmãos de nossa comunidade.

Oferecimento do rosário

Em nome do Pai e do Filho e do Espírito Santo. Amém.

Oferecimento: Divino Jesus, eu vos ofereço este rosário que vou rezar, contemplando os mistérios de vossa redenção. Concedei-me, pela intercessão de Maria, vossa Mãe Santíssima, a quem me dirijo, as virtudes que me são necessárias para bem rezá-lo e a graça de alcançar as indulgências desta santa devoção.

Creio em Deus Pai todo-poderoso...

Pai nosso que estais nos céus...

Ave, Maria, cheia de graça... (3x)

Glória ao Pai e ao Filho...

Mistérios gozosos

(Rezam-se estes mistérios às segundas-feiras e sábados)

Primeiro mistério: contemplamos a anunciação do anjo Gabriel a Nossa Senhora (Lc 1,26-38) – "Conceberás e darás à luz um filho, e lhe porás o nome de Jesus."

Pai-Nosso – 10 Ave-Marias – Glória

Segundo mistério: contemplamos a visita de Nossa Senhora a sua prima Isabel (Lc 1,39-56) – "Bendita és tu entre as mulheres e bendito é o fruto do teu ventre!"

Pai-Nosso – 10 Ave-Marias – Glória

Terceiro mistério: contemplamos o nascimento de Jesus, na gruta de Belém (Lc 2,1-20) – "Ela deu à luz o seu filho primogênito, envolveu-o em faixas e deitou-o numa manjedoura, porque não havia lugar para eles na hospedaria."

Pai-Nosso – 10 Ave-Marias – Glória

Quarto mistério: contemplamos a apresentação de Jesus no Templo (Lc 2,22-38) – "Levaram o menino a Jerusalém para apresentá-lo ao Senhor."

Pai-Nosso – 10 Ave-Marias – Glória

Quinto mistério: contemplamos o encontro de Jesus no Templo, entre os doutores (Lc 2,41-50) – "Por que me procuráveis? Não sabíeis que eu devo estar naquilo que é de meu Pai?"

Pai-Nosso – 10 Ave-Marias – Glória

Mistérios luminosos

(Rezam-se estes mistérios às quintas-feiras)

Primeiro mistério: contemplamos o batismo de Jesus no rio Jordão (Mc 1,9-11) – "Tu és o meu Filho amado, em ti está meu pleno agrado."

Pai-Nosso – 10 Ave-Marias – Glória

Segundo mistério: contemplamos o milagre de Jesus nas bodas de Caná (Jo 2,1-12) – "Fazei tudo o que ele vos disser."

Pai-Nosso – 10 Ave-Marias – Glória

Terceiro mistério: contemplamos o anúncio do Reino de Deus e o convite à conversão (Mc 1,14-15) – "Convertei-vos e crede na Boa-Nova."

Pai-Nosso – 10 Ave-Marias – Glória

Quarto mistério: contemplamos a transfiguração de Jesus (Mt 17,1-13) – "Seu rosto brilhou como o sol e suas roupas ficaram brancas como a luz."

Pai-Nosso – 10 Ave-Marias – Glória

Quinto mistério: contemplamos a instituição da Eucaristia (Mc 14,22-25) – "Tomai, isto é o meu corpo."

Pai-Nosso – 10 Ave-Marias – Glória

Mistérios dolorosos

(Rezam-se estes mistérios às terças e sextas-feiras)

Primeiro mistério: contemplamos a oração e a agonia de Jesus no horto das Oliveiras (Lc 22,39-46) – "Pai, se quiseres, afasta de mim este cálice; contudo, não seja feita a minha vontade, mas a tua!"

Pai-Nosso – 10 Ave-Marias – Glória

Segundo mistério: contemplamos a flagelação de Jesus (Mc 15,1-15) – "Pilatos mandou açoitar Jesus e entregou-o para ser crucificado."

Pai-Nosso – 10 Ave-Marias – Glória

Terceiro mistério: contemplamos Jesus coroado de espinhos (Mt 27,27-31) – "Trançaram uma coroa de espinhos, puseram-na em sua cabeça."

Pai-Nosso – 10 Ave-Marias – Glória

Quarto mistério: contemplamos Jesus carregando a cruz até o monte Calvário (Lc 23,26-32) – "Mulheres de Jerusalém, não choreis por mim! Chorai por vós mesmas e por vossos filhos!"

Pai-Nosso – 10 Ave-Marias – Glória

Quinto mistério: contemplamos a crucifixão e a morte de Jesus (Lc 23,33-49) – "Pai, em tuas mãos entrego o meu espírito."

Pai-Nosso – 10 Ave-Marias – Glória

Mistérios gloriosos

(Rezam-se estes mistérios às quartas-feiras e domingos)

Primeiro mistério: contemplamos a ressurreição de nosso Senhor Jesus Cristo (Mt 28,1-15) – "Ele não está aqui! Ressuscitou, como havia dito."

Pai-Nosso – 10 Ave-Marias – Glória

Segundo mistério: contemplamos a ascensão de Jesus aos céus (Lc 24,50-53) – "Voltaram para Jerusalém, com grande alegria."

Pai-Nosso – 10 Ave-Marias – Glória

Terceiro mistério: contemplamos a vinda do Espírito Santo sobre Nossa Senhora e os Apóstolos (At 2,1-13) – "Então apareceram línguas como de fogo que se repartiram e pousaram sobre cada um deles."

Pai-Nosso – 10 Ave-Marias – Glória

Quarto mistério: contemplamos a assunção de Nossa Senhora aos céus (1Cor 15,50-53) – "Nem todos morreremos, mas todos seremos transformados."

Pai-Nosso – 10 Ave-Marias – Glória

Quinto mistério: contemplamos a coroação de Nossa Senhora como Rainha do céu e da terra (Ap 12,1-18) – "Uma mulher vestida com o sol, tendo a lua debaixo dos pés e, sobre a cabeça, uma coroa de doze estrelas."

Pai-Nosso – 10 Ave-Marias – Glória

Oração de agradecimento: Graças vos damos, soberana Rainha, pelos benefícios que todos os dias recebemos de vossas mãos. Dignai-vos agora e para sempre tomar-nos debaixo de vosso poderoso amparo, e para mais vos agradecer, saudamo-vos com uma Salve-Rainha.

Salve, Rainha, Mãe de misericórdia...

Ladainha de Nossa Senhora

Senhor, tende piedade de nós.
Cristo, tende piedade de nós.
Senhor, tende piedade de nós.
Jesus Cristo, ouvi-nos.
Jesus Cristo, atendei-nos.
Deus Pai dos céus,
tende piedade de nós.
Deus Filho, redentor do mundo,
tende piedade de nós.
Deus Espírito Santo,
tende piedade de nós.
Santíssima Trindade,
que sois um só Deus,
tende piedade de nós.

Santa Maria,	*rogai por nós*
Santa Mãe de Deus,	*rogai por nós*
Santa Virgem das virgens,	*rogai por nós*
Mãe de Jesus Cristo,	*rogai por nós*
Mãe da Divina Graça,	*rogai por nós*

Mãe puríssima,	*rogai por nós*
Mãe castíssima,	*rogai por nós*
Mãe imaculada,	*rogai por nós*
Mãe intacta,	*rogai por nós*
Mãe amável,	*rogai por nós*
Mãe admirável,	*rogai por nós*
Mãe do bom conselho,	*rogai por nós*
Mãe do Criador,	*rogai por nós*
Mãe do Salvador,	*rogai por nós*
Mãe da Igreja,	*rogai por nós*
Virgem prudentíssima,	*rogai por nós*
Virgem venerável,	*rogai por nós*
Virgem louvável,	*rogai por nós*
Virgem poderosa,	*rogai por nós*
Virgem benigna,	*rogai por nós*
Virgem fiel,	*rogai por nós*
Espelho da justiça,	*rogai por nós*
Sede da sabedoria,	*rogai por nós*
Causa de nossa alegria,	*rogai por nós*
Vaso espiritual,	*rogai por nós*
Vaso honorífico,	*rogai por nós*

Vaso insigne de devoção,	*rogai por nós*
Rosa mística,	*rogai por nós*
Torre de Davi,	*rogai por nós*
Torre de marfim,	*rogai por nós*
Casa de ouro,	*rogai por nós*
Arca da aliança,	*rogai por nós*
Porta do céu,	*rogai por nós*
Estrela da manhã,	*rogai por nós*
Saúde dos enfermos,	*rogai por nós*
Refúgio dos pecadores,	*rogai por nós*
Consoladora dos aflitos,	*rogai por nós*
Auxílio dos cristãos,	*rogai por nós*
Rainha dos anjos,	*rogai por nós*
Rainha dos Patriarcas,	*rogai por nós*
Rainha dos Profetas,	*rogai por nós*
Rainha dos Apóstolos,	*rogai por nós*
Rainha dos Mártires,	*rogai por nós*
Rainha dos Confessores,	*rogai por nós*
Rainha das Virgens,	*rogai por nós*
Rainha de todos os santos,	*rogai por nós*

Rainha concebida sem
pecado original, *rogai por nós*
Rainha assunta ao céu, *rogai por nós*
Rainha do Santíssimo Rosário, *rogai por nós*
Rainha da paz, *rogai por nós*

Cordeiro de Deus
que tirais o pecado do mundo,
perdoai-nos, Senhor.

Cordeiro de Deus
que tirais o pecado do mundo,
ouvi-nos, Senhor.

Cordeiro de Deus
que tirais o pecado do mundo,
tende piedade de nós.
– Rogai por nós santa mãe de Deus,
para que sejamos dignos
das promessas de Cristo.

Oremos: Ó Deus, que pela imaculada Conceição da Virgem, preparastes ao vosso Filho uma
digna mansão, nós vos rogamos que, tendo-a

preservado de toda mancha, na previsão da morte de vosso mesmo Filho, nos concedais pela sua intercessão chegarmos até vós também purificados de todo pecado.

Pelo mesmo Jesus Cristo,
nosso Senhor. Amém.

Lembrai-vos, ó piíssima Virgem Maria, que nunca se ouviu dizer que algum daqueles que recorreram à vossa proteção e imploraram o vosso auxílio fosse por vós desamparado. Animado, eu, pois com igual confiança, a vós, ó Virgem, entre todas a singular, como a uma mãe recorro, de vós me valho, e gemendo sob o peso dos meus pecados prostro-me aos vossos pés. Não rejeiteis as minhas súplicas, Mãe do Filho de Deus humanizado, mas dignai-vos de as ouvir propícia e de me alcançar o que vos rogo. Amém.

Ofício da Imaculada Conceição da Virgem Maria

Em Maria está toda a plenitude de graças. Nela o Verbo de Deus, Jesus Cristo, se fez homem. Com a encarnação, Maria se fez co-redentora. Com sua vida de união com Jesus se torna mestra, rainha e modelo. Na morte, seu Filho Jesus a entrega a nós, como nossa mãe.

Por isso, louvemos Maria, a toda cheia de graça, a mãe, mestra e rainha da humanidade. E para que possamos louvar com mais fé e amor, vamos ler o trecho da Bíblia que nos apresenta a pessoa de Maria.

Leitura bíblica

(Lucas 1,26-49)

"O anjo Gabriel foi enviado por Deus a uma cidade da Galiléia, chamada Nazaré, a uma virgem prometida em casamento a um homem de nome José, da casa de Davi. A virgem se chamava Maria. O anjo entrou onde ela estava e disse: 'Alegra-te, cheia de graça! O Senhor está contigo'. Ela perturbou-se com estas palavras e começou a pensar qual seria o significado da saudação. O anjo, então, disse: 'Não tenhas medo, Maria! Encontraste graça junto a Deus. Conceberás e darás à luz um filho, e lhe porás o nome de Jesus. Ele será grande; será chamado Filho do Altíssimo, e o Senhor Deus lhe dará o trono de Davi, seu pai. Ele reinará para sempre sobre a descendência de Jacó, e o seu reino não terá fim'. Maria, então, perguntou ao anjo: 'Como acontecerá isso, se eu não conheço homem?'. O anjo respondeu: 'O Espírito

Santo descerá sobre ti, e o poder do Altíssimo te cobrirá com a sua sombra. Por isso, aquele que vai nascer será chamado santo, Filho de Deus. Também Isabel, tua parenta, concebeu um filho na sua velhice. Este já é o sexto mês daquela que era chamada estéril, pois para Deus nada é impossível'. Maria disse: 'Eis aqui a serva do Senhor! Faça-se em mim segundo a tua palavra'. E o anjo retirou-se de junto dela. Naqueles dias, Maria partiu apressadamente dirigindo-se a uma cidade de Judá. Ela entrou na casa de Zacarias e saudou Isabel. Quando Isabel ouviu a saudação de Maria, a criança pulou de alegria em seu ventre, e Isabel ficou repleta do Espírito Santo. Com voz forte, ela exclamou: 'Bendita és tu entre as mulheres e bendito é o fruto do teu ventre! Como mereço que a mãe do meu Senhor venha me visitar? Logo que a tua saudação ressoou nos meus ouvidos, o menino pulou de alegria no meu ventre. Feliz aquela que acreditou, pois o que lhe foi dito da parte do Senhor será cumprido!'. Maria então disse: 'A minha alma engrandece o Senhor, e meu espírito se alegra em Deus, meu Salvador, porque ele olhou para a humildade de sua serva. Todas as gerações, de agora em diante, me chamarão feliz, porque o Poderoso fez para mim coisas grandiosas'."

Deus vos salve, filha de Deus Pai!
Deus vos salve, mãe de Deus Filho!
Deus vos salve, esposa do Espírito Santo!
Deus vos salve, sacrário da Santíssima Trindade!

Matinas

Agora, lábios meus, dizei e anunciai
os grandes louvores da Virgem, Mãe de Deus.
Sede em meu favor, Virgem soberana,
livrai-me do inimigo com vosso valor.
Glória seja ao Pai,
ao Filho e ao Amor também,
que é um só Deus em pessoas três,
agora e para sempre e sem fim.
Amém.

Hino

Deus vos salve, Virgem Senhora do mundo,
Rainha dos céus e das virgens, Virgem.
Estrela da manhã, Deus vos salve,
cheia de graça divina, formosa e louçã.

Dai pressa, Senhora, em favor do mundo,
pois vos reconhece como defensora.

Deus vos nomeou desde a eternidade
para a Mãe do Verbo com o qual criou

terra, mar e céus, e vos escolheu,
quando Adão pecou, por esposa de Deus.

Deus a escolheu e já, muito antes,
em seu tabernáculo morada lhe deu.

Ouvi, Mãe de Deus, minha oração.
Toquem em vosso peito os clamores meus.

Oração

Santa Maria, Rainha dos céus, Mãe de nosso Senhor Jesus Cristo, Senhora do mundo, que a nenhum pecador desamparais nem desprezais. Ponde, Senhora, em mim os olhos de vossa piedade e alcançai de vosso amado Filho o perdão de todos os meus pecados, para que eu, que agora venero com devoção vossa Imaculada Conceição, mereça na outra vida alcançar o prêmio da bem-aventurança, pelo merecimento de vosso bendito Filho Jesus Cristo, nosso Senhor, que com o Pai e o Espírito Santo vive e reina para sempre. Amém.

Prima

Sede em meu favor, Virgem soberana,
livrai-me do inimigo com vosso valor.
Glória seja ao Pai,
ao Filho e ao Amor também,
que é um só Deus em pessoas três,
agora e sempre e sem fim.
Amém.

Hino

Deus vos salve, mesa para Deus ornada,
coluna sagrada, de grande firmeza.

Casa dedicada a Deus sempiterno.
Sempre preservada, Virgem, do pecado.

Antes que nascida fostes, Virgem santa,
no ventre ditoso de Ana concebida.

Sois mãe criadora dos mortais viventes.
Sois dos santos porta, dos anjos, Senhora.

Sois forte esquadrão contra o inimigo.
Estrela de Jacó, refúgio do cristão.

A Virgem criou,
Deus, no Espírito Santo,
e todas as suas obras,
com ela as ornou.

Ouvi, Mãe de Deus,
minha oração.
Toquem em vosso peito
os clamores meus.

Oração

Santa Maria, Rainha dos céus...

Terça

Sede em meu favor, Virgem soberana,
livrai-me do inimigo com vosso valor.
Glória seja ao Pai,
ao Filho e ao Amor também,
que é um só Deus em pessoas três,
agora e para sempre e sem fim.
Amém.

Hino

Deus vos salve, trono do grão Salomão,
arca do concreto velo de Gedeão!
Íris do céu clara, sarça da visão,
favo de Sansão, florescente vara.
A qual escolheu para ser mãe sua,
e de vós nasceu o Filho de Deus.

Assim vos livrou da culpa original.
De nenhum pecado há em vós sinal.

Vós que habitais lá nas alturas,
e tendes vosso trono entre as nuvens puras.

Ouvi, Mãe de Deus, minha oração.
Toquem em vosso peito os clamores meus.

Oração

Santa Maria, Rainha dos céus...

Sexta

Sede em meu favor, Virgem soberana,
livrai-me do inimigo com vosso valor.
Glória seja ao Pai,
ao Filho e ao Amor também,
que é um só Deus em pessoas três,
agora e para sempre e sem fim. Amém.

Hino

Deus vos salve, Virgem, da Trindade templo,
alegria dos anjos, da pureza exemplo.
Que alegrais os tristes com vossa clemência,
horto de deleites, palma de paciência.
Sois terra bendita e sacerdotal.
Sois da castidade, símbolo real.
Cidade do Altíssimo, porta oriental,
sois a mesma graça, Virgem singular.
Qual lírio cheiroso entre espinhas duras
tal sois vós, Senhora, entre as criaturas.

Ouvi, Mãe de Deus, minha oração.
Toquem em vosso peito os clamores meus.

Oração

Santa Maria, Rainha dos céus...

Nona

Sede em meu favor, Virgem soberana,
livrai-me do inimigo com vosso valor.

Glória seja ao Pai,
ao Filho e ao Amor também,
que é um só Deus em pessoas três,
agora e sempre e sem fim.
Amém.

Hino

Deus vos salve, cidade de torres guarnecida,
de Davi com armas, bem fortalecida.

De suma caridade sempre abrasada.
Do dragão a força foi por vós prostrada.

Ó mulher tão forte! Ó invicta Judite!
Que vós alentastes o sumo Davi!

Do Egito o curador de Raquel nasceu,
do mundo o Salvador, Maria no-lo deu.

Toda é formosa minha companheira;
nela não há mácula da culpa primeira.

Ouvi, Mãe de Deus, minha oração.
Toquem em vosso peito os clamores meus.

Oração

Santa Maria, Rainha dos céus...

Até aqui rezamos uma prece de louvor exaltando Maria pela sua dignidade de Mãe de Deus. Muitos versos mostram a escolha de Deus, feita a Maria, dignificando-a como bem-aventurada criatura.

Vésperas

Sede em meu favor, Virgem soberana,
livrai-me do inimigo com vosso valor.
Glória seja ao Pai,
ao Filho e ao Amor também,
que é um só Deus em pessoas três,
agora e sempre e sem fim.
Amém.

Hino

Aquele a quem adoram o céu, a terra, o mar,
o que governa o mundo, na Virgem vem morar.

A lua, o sol e os astros o servem, sem cessar.
Mas ele vem no seio da Virgem se ocultar.

Feliz, ó Mãe, que abrigas na arca do teu seio
o Autor de toda a vida, que vive em nosso meio.

Feliz chamou-te o Anjo, o Espírito em ti gerou
dos povos o Esperado que o mundo transformou.

Louvor a vós, Jesus, nascido de Maria,
ao Pai e ao Espírito agora e todo o dia.

Ouvi, Mãe de Deus, minha oração.
Toquem em vosso peito os clamores meus.

Oração

Santa Maria, Rainha dos céus...

Completas

Rogai a Deus, vós, Virgem, nos converta.
Que a sua ira, aparte de nós.
Sede em meu favor, Virgem soberana,
livrai-me do inimigo com vosso valor.
Glória seja ao Pai,
ao Filho e ao Amor também,
que é um só Deus em pessoas três,
agora e sempre e sem fim.
Amém.

Hino

Deus vos salve, Virgem, Mãe Imaculada,
rainha da clemência de estrela coroada.

Vós sobre os anjos sois purificada;
de Deus à mão direita estais de ouro ornada.

Por vós, Mãe de graça, mereçamos ver
a Deus nas Alturas com todo prazer.

Pois sois esperança dos pobres errantes,
e seguro porto dos navegantes.

Estrela do mar e saúde certa,
e porta que estais para o céu aberta.

Sois óleo derramado, Virgem, vosso nome,
e os servos vossos vos hão sempre amado.

Ouvi, Mãe de Deus, minha oração.
Toquem em vosso peito os clamores meus.

Oração

Santa Maria, Rainha dos céus...

Oferecimento

Humildes oferecemos
a vós, Virgem pia,
estas orações,
porque, em nossa guia,
vades vós adiante
e, na agonia,
vós nos animeis,
ó doce Maria!
Amém.

Consagração a Nossa Senhora Aparecida

Salve, Rainha,
Virgem Mãe de Jesus e minha mãe!
Beijando humildemente
vossos pés e vossas mãos,
eu me consagro inteiramente a vós.
Sou vosso na vida e na morte.
Tomai posse não só do meu coração,
mas também do coração
de todos aqueles que me são caros.
Que permanecendo unidos aqui na terra,
nenhum falte lá no céu.
Guardai-nos, mãe querida,
guardai-nos para sempre
sob o vosso manto imaculado.
Não permitais que nenhum de nós
se afaste deste abrigo maternal.
Ó Senhora da Conceição Aparecida,
protegei o Brasil.

Volvei sobre cada um de nós o vosso olhar,
e que, do Norte ao Sul, do Leste ao Oeste,
seja Deus em nossa Pátria conhecido,
amado e santamente servido.

Sacramento da Reconciliação

Quando pecamos, prejudicamos nossos irmãos e impedimos nossa comunidade de crescer e caminhar de acordo com o projeto de Deus, afastando-nos dele e dificultando a comunhão com a Igreja.

Mas Deus nos ofereceu uma chance de sermos perdoados. Mediante o Sacramento da Penitência, Jesus mostrou como isso é possível, perdoando todos os pecadores que vinham até ele. Assim, revelou que Deus nos ama muito e quer que sejamos felizes.

Hoje nós temos essa mesma oportunidade. É só abrir nosso coração e desejarmos realmente o perdão de Deus.

A confissão de nossos pecados ao sacerdote nos ajuda a crescer na fé e no compromisso com a vida e a comunidade. Faz mais: perdoa todos os nossos pecados.

Confissão

São cinco os passos para uma boa confissão:

1 – Reconhecer os erros.

2 – Arrepender-se.

3 – Prometer, de verdade, não mais pecar.

4 – Contar os pecados ao padre, acreditando que, por meio dele, recebe-se o perdão.

5 – Agradecer e cumprir a penitência que o padre sugerir.

Antes da confissão, pode-se rezar o salmo 103, reconhecendo o infinito amor de Deus por nós.

A seguir, no *exame de consciência*, analisam-se os objetivos de vida e as atitudes assumidas perante os deveres para com Deus e o próximo, com base nos mandamentos da Lei de Deus, nos mandamentos da Igreja, nas obras de misericórdia e nos vícios capitais.

Reconhecidos os próprios erros e pecados, o cristão deve arrepender-se e querer não repeti-los, rezando o ato de contrição:

Meu Deus, eu me arrependo
de todo o meu coração de vos ter ofendido,
porque sois bom e amável.
Prometo, com a vossa graça,
nunca mais pecar.
Meu Jesus, misericórdia!

No confessionário, o padre diz: "O Senhor esteja em teu coração e em teus lábios para que confesses bem todos os pecados. Em nome do Pai e do Filho e do Espírito Santo". Deve-se fazer, então, o sinal da cruz e responder: "Amém". Relata-se a ele as faltas, sem omitir nada, mesmo que seja algo grave, ouvir seus conselhos com atenção e cumprir a penitência sugerida. Depois, agradecer a Deus o perdão dos pecados e rezar:

Senhor Jesus, quanto sois bom!
Tivestes misericórdia de mim
e me perdoastes os pecados
pelo Sacramento da Confissão.
Muito obrigado, Senhor Jesus.
Prometo-vos novamente empregar
todos os meus esforços para não mais vos ofender.
Abençoai este propósito
e dai-me forças para cumpri-lo. Amém.

Preparação para a Eucaristia

Ato de fé: "Senhor Jesus, eu creio que estais presente na Eucaristia, com o vosso corpo, sangue, alma e divindade."

Ato de adoração: "Senhor, eu vos adoro na Eucaristia e vos reconheço por meu Criador, Redentor e Soberano Senhor, meu único e eterno bem."

Ato de esperança: "Senhor, espero que, dando-vos a mim neste divino Sacramento, usareis comigo de misericórdia e me concedereis todas as graças necessárias para minha salvação."

Ato de humildade: "Senhor, eu não sou digno de que entreis em minha morada, mas dizei uma palavra e serei salvo."

Após a Eucaristia

Após receber a Eucaristia, a pessoa faz silêncio, abaixa a cabeça e fala com Jesus. Esse diálogo é espontâneo e procura expressar o que se está sentindo no momento. Em seguida pode-se rezar:

Ato de oferecimento: "Senhor Jesus, vós vos destes a mim e eu me dou a vós; ofereço-vos meu coração, minha alma, e toda a minha vida. Quero ser vosso, agora e para sempre!"

Ato de caridade: "Senhor Jesus, eu vos amo de todo o meu coração e desejo amar-vos cada vez mais. Fazei que eu vos ame sobre todas as coisas e a meu próximo como a mim mesmo."

Ato de petição: "Senhor Jesus, dai-me todas as graças de que eu preciso. Peço-vos também por meus pais, meus parentes, meus amigos, por todos os filhos de Deus que estão na terra, e pelas almas do purgatório."

Orações aos santos

Os santos são exemplo de vida. A vida de alguns deles foi motivo para que se criassem orações de súplicas, de agradecimento e principalmente de intercessão. Outras orações nasceram pelo afeto e admiração de fiéis, padres, religiosos etc. São fórmulas que resistem ao tempo e sempre usadas pela Igreja. Destacamos algumas das mais conhecidas.

Oração a São José

A vós, São José,
recorremos em nossa tribulação
e, depois de termos implorado o auxílio
de vossa Santíssima Esposa,
cheios de confiança,
solicitamos também o vosso patrocínio.

Por esse laço sagrado de caridade que vos uniu
à Virgem Imaculada, Mãe de Deus,
e pelo amor paternal que tivestes
ao Menino Jesus,
ardentemente suplicamos
que lanceis um olhar benigno
sobre a herança que Jesus Cristo
conquistou com seu sangue
e nos socorrais em nossas necessidades
com o vosso auxílio e poder.

Protegei, guarda providente da divina família,
a raça eleita de Jesus Cristo.

Afastai para longe de nós, pai amantíssimo,
a peste do erro e do vício.

Assisti-nos do alto do céu,
ó nosso fortíssimo sustentáculo,
na luta contra o poder das trevas,
e assim como outrora salvastes da morte
a vida ameaçada do Menino Jesus,
assim também defendei agora
a Santa Igreja de Deus
das ciladas de seus inimigos
e de toda adversidade.

Amparai a cada um de nós
com o vosso constante patrocínio
a fim de que, a vosso exemplo
e sustentados com o vosso auxílio,
possamos viver virtuosamente,
morrer piedosamente,
obter no céu a eterna bem-aventurança.
Amém.

Oração a São Paulo

São Paulo, mestre dos gentios,
lançai um olhar de amor à gloriosa
terra do Brasil e a todos os seus filhos.

O vosso coração dilatou-se para acolher
e abençoar a todos os povos
no suave abraço da paz.
Agora, do alto do céu, a caridade de Cristo
vos leve a iluminar a todos
com a luz do Evangelho
e a estabelecer no mundo o reino de amor.

Suscitai vocações,
confortai os operários da Palavra de Deus,
tornai os corações dóceis ao Divino Mestre.

Que este grande povo,
encontrando cada vez mais em Cristo
o Caminho, a Verdade e a Vida,
resplandeça ante o mundo e procure sempre
o Reino de Deus e a sua justiça.

Santo Apóstolo, iluminai-nos,
confortai-nos e abençoai-nos. Amém.

Oração a Santa Rita de Cássia

Gloriosa Santa Rita de Cássia,
vós que tão maravilhosamente participastes
da dolorosa paixão de nosso Senhor
Jesus Cristo,
obtende-me a graça de acolher
com resignação os sofrimentos desta vida,
e protegei-me com todas as minhas
necessidades.

Rogai por nós,
bem-aventurada Santa Rita de Cássia,
para que sejamos dignos
das promessas de Cristo. Amém.

Oração a Santa Teresinha do Menino Jesus

Santa Teresinha do Menino Jesus,
que merecestes ser proclamada
padroeira das missões católicas
de todo o mundo,
lembrai-vos do ardente desejo
que manifestastes nesta vida,
de plantar a cruz de Jesus Cristo
sobre todas as paragens deste mundo,
de anunciar o Evangelho até a consumação
dos séculos,
e auxiliai, nós vos suplicamos,
segundo a vossa promessa,
os missionários e toda a Igreja.
Amém.

Oração a Santo Antônio
(responsório)

Se milagres desejais
contra os males e o demônio,
recorrei a Santo Antônio
e não falhareis jamais.

Pela sua intercessão
fogem a peste, o erro e a morte,
quem é fraco fica forte,
mesmo o enfermo fica são.

Rompem-se as mais vis prisões,
recupera-se o perdido,
cede o mar embravecido
no maior dos furacões.

Penas mil e humanos ais
se moderam, se retiram:
isto digam os que viram,
os paduanos e outros mais.

Oração de São Francisco de Assis

Senhor,
fazei de mim um instrumento de vossa paz,
onde houver ódio, que eu leve o amor,
onde houver ofensa, que eu leve o perdão,
onde houver discórdia, que eu leve a união,
onde houver dúvida, que eu leve a fé,
onde houver erro, que eu leve a verdade,
onde houver desespero, que eu leve a esperança,
onde houver tristeza, que eu leve a alegria,
onde houver trevas, que eu leve a luz.

Ó Mestre, fazei que eu procure mais
consolar, que ser consolado,
compreender, que ser compreendido,
amar, que ser amado.

Pois é dando que se recebe,
é perdoando que se é perdoado,
e é morrendo que se vive para a vida eterna.

Oração a São Geraldo

Ó São Geraldo,
grande amigo de Jesus e dos pobres,
nós queremos agradecer a Deus
pela vossa vida inteiramente dedicada
à oração e ao serviço do próximo.
Por amor de Jesus sofrestes em silêncio
a amargura da calúnia e outras contrariedades.
Agradecemo-vos o testemunho que nos destes:
"Estou continuamente nas chagas de Jesus Cristo
e as chagas de Jesus Cristo estão em mim...
Sofro e sofro sem cessar,
as penas e as dores da paixão de Jesus Cristo.
É bem pouco o que sofro pelo amor de Jesus:
Deus morreu por mim,
e se ele quiser, quero morrer por ele".
Ajudai-nos, São Geraldo,
a suportar com paciência e a enfrentar
com coragem as dificuldades da vida.
Que, em tudo, possamos fazer
a santa vontade de Deus. Amém.

Oração a Santa Bárbara

Ó Santa Bárbara,
que sois mais forte que as torres das fortalezas
e a violência dos furacões,
fazei que os raios não me atinjam,
os trovões não me assustem
e o troar dos canhões não me abale
a coragem e a bravura.
Ficai sempre ao meu lado
para que eu possa enfrentar,
de fronte erguida e rosto sereno,
todas as tempestades
e batalhas de minha vida;
para que, vencedor de todas as lutas,
com a consciência do dever cumprido,
possa agradecer a vós, minha protetora,
e render graças a Deus,
criador do céu, da terra e da natureza;

este Deus que tem poder
de dominar o furor das tempestades
e abrandar a crueldade das guerras.
Santa Bárbara, rogai por nós.

Orações diversas

A oração supõe diálogo com Deus, conversa livre, aberta e solta, que expressa nossos sentimentos em relação ao Senhor e a nossos irmãos. É a manifestação do coração e da vida cotidiana, que busca a presença de Deus e uma maior aproximação com nossos familiares, amigos e com a comunidade. Podemos estabelecer essa comunicação através de nossas próprias palavras ou então usar as orações a seguir.

Oração das mães

Sois, meu Deus, o Criador
e verdadeiro Pai de meus filhos.
De vossas mãos os recebi cheios de vida,
como a dádiva mais preciosa
que me podíeis ter dado e que vossa bondade
conserva para minha consolação e alegria.
Agradeço-vos, de todo o coração,
e consagro-vos inteiramente a mim mesma
e meus filhos, para que vos sirvamos
e vos amemos sobre todas as coisas.
Abençoai-nos, Senhor, enquanto eu,
em vosso nome, os abençôo.
Não permitais que,
por descuido de minha parte,
venham eles a se desviar do bom caminho.
Velai sobre mim para que eu
possa velar sobre eles
e educá-los no vosso
santo amor e na vossa lei.

Fazei-os corajosos, amigos do bem
e da verdade para que não
vos ofendam jamais.
Colocai-os, Senhor de bondade,
sob a maternal proteção de Maria Santíssima,
para que ela os proteja sempre.
Livrai-os de todas as desgraças
e perigos da alma e do corpo,
e concedei-lhes todas as graças
que julgais lhes serem necessárias,
a fim de que sejam bons filhos, bons cristãos.
Fazei, Senhor, que possamos, um dia,
encontrar-nos todos reunidos
na Celeste Igreja. Amém.

Oração do trabalhador

Jesus, divino operário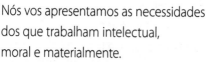
e amigo dos operários,
volvei vosso olhar benigno
sobre o mundo do trabalho.
Nós vos apresentamos as necessidades
dos que trabalham intelectual,
moral e materialmente.
Bem sabeis como são duros os nossos dias:
cheios de canseiras, sofrimentos
e explorações.
Vede as nossas penas físicas e morais;
repeti o brado do vosso coração:
"Tenho dó deste povo",
e confortai-nos pelos méritos
e intercessão de são José,
modelo dos operários e trabalhadores.
Dai-nos a sabedoria, a virtude e o amor
que vos alentou nas vossas laboriosas jornadas.
Inspirai-nos pensamentos de fé,

de paz, de moderação, de economia,
a fim de procurarmos, com o pão de cada dia,
os bens espirituais e o céu.
Livrai-nos dos que, com enganos,
intentam roubar-nos a fé e a confiança
na vossa Providência.
Livrai-nos dos exploradores
que desconhecem os direitos
e a dignidade da pessoa humana.
Inspirai leis sociais conforme
às encíclicas pontifícias.
Fazei que todos entrem
nas organizações cristãs do trabalho.
Reinem juntas a caridade e a justiça
com a sincera colaboração das classes sociais.
Convertei os exploradores do operário pobre.
Que todos conheçam e respeitem
a doutrina social da Igreja.
Abençoai a todos os que trabalham,
especialmente os mais empobrecidos. Amém.

Oração pelas crianças

Senhor, quando vivíeis na terra,
quisestes que as crianças pudessem vir a vós
e lhes manifestastes o vosso afeto.
Nós vos pedimos por todas
as crianças do mundo,
esperança da humanidade de amanhã;
por todas as crianças amadas
e desejadas por seus pais,
mas ainda mais pelas que são abandonadas,
pelas órfãs e pelas que não recebem
o amor necessário;
pelas que vivem em meios perversos
e, muito cedo, aprendem o mal;
pelas que não são beneficiadas
por uma boa educação;
pelas que não sabem rezar
e não vos conhecem.
Tomai-as todas no vosso amor
e fazei-as crescer, como outrora crescestes,

em tamanho, sabedoria e graça,
diante de Deus e diante dos homens.
Supri, por vossa graça, Senhor,
as deficiências de sua educação
e formai-lhes um bom caráter.
Preparai-lhes um belo futuro
e atraí-as a vós,
suscitando nelas a fé e o amor.

Oração pelos jovens

Senhor,
nós vos pedimos pelos jovens,
porque colocais vossa esperança
na juventude
para uma renovação da humanidade.
Que o nosso desejo de construir
uma sociedade mais fraternal
e mais verdadeira possa se realizar.
Que a generosidade dos jovens não se esgote
e seu ideal de bem continue,
apesar das decepções.

Que cada um deles responda ao vosso apelo
conforme o caminho que lhe traçais,
e que se realize vosso plano sobre suas vidas.
Que, com seu entusiasmo, façam renascer
a esperança dos mais idosos e contribuam
para reerguer as pessoas abatidas
e desanimadas.

Que conservem a coragem de dar e de servir
e não caiam nas garras do egoísmo.
Que a sua sede de amor jamais se extinga,
e que seu coração se abra cada vez mais
para vós e para todos os seus irmãos. Amém.

Oração para obter a saúde

Espírito Santo,
criador e renovador de todas as coisas,
sois a vida de minha vida.
Eu vos adoro, vos agradeço e vos amo.
Vós que conservais a vida de todo o universo,
concedei-nos o dom da saúde;

livrai-nos de todos os males
do corpo e do espírito.
Que eu me disponha a gastar
as minhas energias no serviço aos irmãos.
Ó Espírito de Vida,
concedei a sabedoria para os médicos
e todos os que se dedicam aos doentes,
a fim de que conheçam a causa
das enfermidades que ameaçam a vida.
Iluminai os cientistas,
para que possam descobrir
os remédios necessários
e, assim, conceder o dom da saúde
a todos os doentes. Amém.

(Tiago Alberione)

Oração para antes das refeições

Obrigado, Senhor,
por estes alimentos que vamos tomar agora.
Eles nos sustentarão dando ao nosso corpo
a saúde e a resistência para o trabalho diário.
Que eles sirvam também para nos dar
disposição em servir aos mais fracos,
aos que nao têm saúde,
aos que precisam de ajuda.

Alimenta, Senhor, o nosso espírito
para que saibamos usar bem o nosso corpo
e, vivendo em comunhão constante
com os irmãos e contigo, cheguemos
a participar do banquete celeste,
preparado por Cristo, nosso Senhor! Amém.

Oração para iniciar o trabalho

Ó Deus e Senhor nosso,
sabemos que através do nosso trabalho
podemos ajudar na construção do teu Reino.
Faze que hoje trabalhemos conscientes
de que estamos colaborando
contigo na tua obra;
e possamos um dia receber a recompensa
que esperamos da tua bondade.
Por Cristo, nosso Senhor. Amém.

Sumário

Apresentação 5

Orações do cristão 6
   Invocação antes de cada oração 7
   Creio em Deus Pai 8
   Pai nosso 9
   Ave, Maria 9
   Glória 10
   Salve, Rainha 10
   Ó meu Jesus! 11
   Ato de fé 12
   Ato de esperança 12
   Ato de caridade 13
   Ato de contrição 14

Os mandamentos e os sacramentos 15
   Os mandamentos da Lei de Deus 16
   Os mandamentos da Igreja 16
   Os sacramentos instituídos por Jesus 17

Conversar com Deus: a oração 18
   Oração da manhã 19
   Oração da noite 20
   Oração a Jesus Mestre 22
   Oração ao Espírito Santo 23
   Oração ao Divino Espírito Santo 24

Os salmos e a proteção de Deus 26
   Salmo 91(90) 27

Via-sacra 29

O santo rosário 52
   Oferecimento do rosário 53
   Mistérios gozosos 54
   Mistérios luminosos 55
   Mistérios dolorosos 57
   Mistérios gloriosos 58
   Ladainha de Nossa Senhora 60

Ofício da Imaculada Conceição
da Virgem Maria 65
   Leitura bíblica 66
   Matinas 69
   Prima 71
   Terça 73

Sexta	75
Nona	77
Vésperas	79
Completas	81
Oferecimento	83
Consagração a Nossa Senhora Aparecida	84

Sacramento da Reconciliação 86
   Confissão 88
   Preparação para a Eucaristia 90
   Após a Eucaristia 91

Orações aos santos 93
   Oração a São José 94
   Oração a São Paulo 96
   Oração a Santa Rita de Cássia 97
   Oração a Santa Teresinha do Menino Jesus ... 98
   Oração a Santo Antônio (responsório) 99
   Oração de São Francisco de Assis 100
   Oração a São Geraldo 101
   Oração a Santa Bárbara 102

Orações diversas 104
   Oração das mães 105
   Oração do trabalhador 107
   Oração pelas crianças 109

Oração pelos jovens..110
Oração para obter a saúde 111
Oração para antes das refeições...................113
Oração para iniciar o trabalho 114

Rua Dona Inácia Uchoa, 62
04110-020 – São Paulo – SP (Brasil)
Tel.: (11) 2125-3500
paulinas.com.br – editora@paulinas.com.br
Telemarketing e SAC: 0800-7010081